PASCAL HERVÉ / PHILAN

TUPAC

1 • JULIA

SCÉNARIO : PASCAL HERVÉ
DESSIN : PHILAN
COULEURS : SOPHIE UCHLINGER

VENTS D'OUEST

"A ma famille bien aimée".

Philan

Cet album est dédié à mes parents

Pascal Hervé

"Merci à Joseph Béhé et l'équipe de l'AtelierBD, avec qui cette aventure a commencé,
A Emmanuel Lepage pour ses sympathiques conseils et encouragements,
A Valérie Aubin et son équipe d'avoir soutenu notre projet,
Et enfin, une pensée pour Michel Plessix, Serge Le Tendre et Christian Rossi."

Philan

Merci à Michel et Claudia pour m'avoir fait aimer le Pérou.
A Christine et Daniel, mes premiers lecteurs, pour leurs conseils
Un grand merci à Joseph Béhé d'avoir cru en nous.
A l'atelierbd.com de nous avoir montré la voie.
A Nicolas pour son enthousiasme
Et enfin une mention spéciale à Anne pour son soutien

Pascal Hervé

31-33, rue Ernest-Renan
92130 Issy-Les-Moulineaux
www.ventsdouest.com

Dépôt légal : septembre 2006
Achevé d'imprimer en France en août 2006 par ***Partenaires Book***®

LIMA ... ORPHELINAT "HIJOS DEL SOL"... PAR UN APRÈS-MIDI ENSOLEILLÉ...
REGARDE LA GAMINE QUI COURT LÀ-BAS !...
TU PENSES QUE C'EST ELLE ?...
OUI ... J'EN SUIS PRATIQUEMENT SÛR ...
1

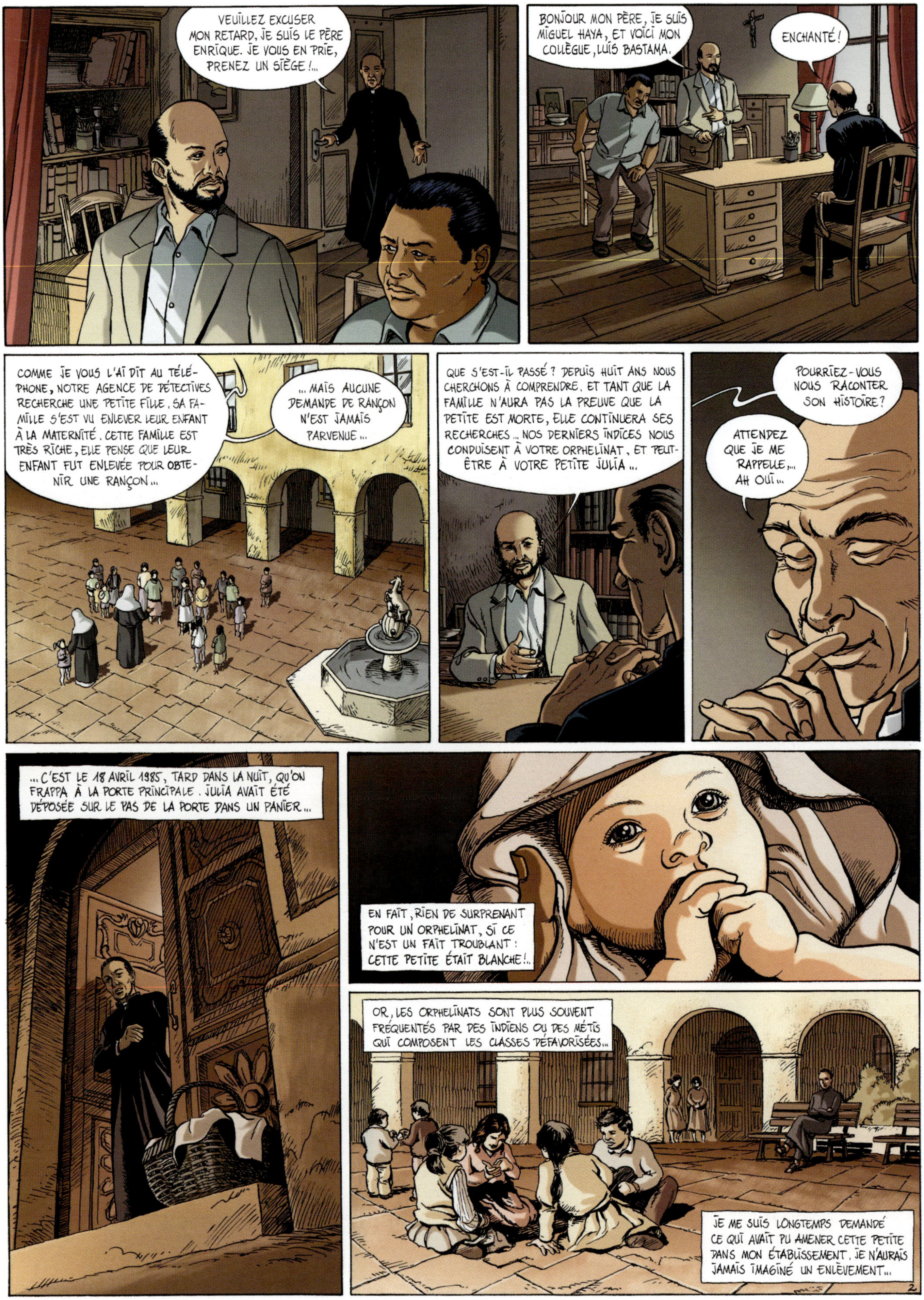
VEUILLEZ EXCUSER MON RETARD, JE SUIS LE PÈRE ENRIQUE. JE VOUS EN PRIE, PRENEZ UN SIÈGE !...
BONJOUR MON PÈRE, JE SUIS MIGUEL HAYA, ET VOICI MON COLLÈGUE, LUIS BASTAMA.
ENCHANTÉ !
COMME JE VOUS L'AI DIT AU TÉLÉPHONE, NOTRE AGENCE DE DÉTECTIVES RECHERCHE UNE PETITE FILLE. SA FAMILLE S'EST VU ENLEVER LEUR ENFANT À LA MATERNITÉ. CETTE FAMILLE EST TRÈS RICHE, ELLE PENSE QUE LEUR ENFANT FUT ENLEVÉE POUR OBTENIR UNE RANÇON...
... MAIS AUCUNE DEMANDE DE RANÇON N'EST JAMAIS PARVENUE...
QUE S'EST-IL PASSÉ ? DEPUIS HUIT ANS NOUS CHERCHONS À COMPRENDRE. ET TANT QUE LA FAMILLE N'AURA PAS LA PREUVE QUE LA PETITE EST MORTE, ELLE CONTINUERA SES RECHERCHES... NOS DERNIERS INDICES NOUS CONDUISENT À VOTRE ORPHELINAT, ET PEUT-ÊTRE À VOTRE PETITE JULIA...
POURRIEZ-VOUS NOUS RACONTER SON HISTOIRE ?
ATTENDEZ QUE JE ME RAPPELLE... AH OUI...
... C'EST LE 18 AVRIL 1985, TARD DANS LA NUIT, QU'ON FRAPPA À LA PORTE PRINCIPALE. JULIA AVAIT ÉTÉ DÉPOSÉE SUR LE PAS DE LA PORTE DANS UN PANIER...
EN FAIT, RIEN DE SURPRENANT POUR UN ORPHELINAT, SI CE N'EST UN FAIT TROUBLANT : CETTE PETITE ÉTAIT BLANCHE !..
OR, LES ORPHELINATS SONT PLUS SOUVENT FRÉQUENTÉS PAR DES INDIENS OU DES MÉTIS QUI COMPOSENT LES CLASSES DÉFAVORISÉES...
JE ME SUIS LONGTEMPS DEMANDÉ CE QUI AVAIT PU AMENER CETTE PETITE DANS MON ÉTABLISSEMENT. JE N'AURAIS JAMAIS IMAGINÉ UN ENLÈVEMENT...

BIEN, POUR L'INSTANT TOUT CONCORDE, A-T-ELLE UN SIGNE PARTICULIER, COMME UNE MALFORMATION, UNE CICATRICE...
...OU UNE TACHE DE NAISSANCE?
NON...
AH SI ! ELLE A UNE CICATRICE SUR LE CUIR CHEVELU, DERRIÈRE L'OREILLE DROITE.
ELLE L'A DEPUIS SA NAISSANCE. SES CHEVEUX CACHENT AUJOURD'HUI CETTE CICATRICE, ET JE L'AVAIS OUBLIÉE...
ELLE N'A PAS DE TACHE DE VIN SUR L'ÉPAULE GAUCHE?
NON, POURQUOI? VOTRE ENFANT AURAIT...?
OUI, JE SUIS DÉSOLÉ, MON PÈRE, MAIS JULIA N'EST HÉLAS PAS L'ENFANT QUE NOUS RECHERCHONS.
VOUS N'IMAGINEZ PAS À QUEL POINT JE SUIS DÉÇU. J'AURAIS TELLEMENT AIMÉ QU'ELLE RETROUVE SA FAMILLE. ELLE LE MÉRITE TANT...
PERMETTEZ-MOI DE VOUS RACCOMPAGNER !
EXCUSEZ MA CURIOSITÉ, MON PÈRE, MAIS... C'EST LE DORTOIR DE JULIA?
NON. ELLE EST DANS LA CHAMBRE SUIVANTE, VOUS DÉSIREZ VISITER?
AVEC PLAISIR !
3

C'EST ELLE !
LA CICATRICE ?
PARLE MOINS FORT ! LE CURÉ VA NOUS ENTENDRE !...
OUAÏS, LA CICATRICE ! PLUS DE DOUTE, ON L'A RETROUVÉE.
ALORS ? ELLE EST LÀ ?
OUAÏS, C'EST GAGNÉ, JAVIER !
J'APPELLE LE PATRON POUR LUI ANNONCER LA BONNE NOUVELLE !
YAHOU ! IL FAUT FÊTER ÇA ! DEPUIS UN AN QUE J'ATTENDS...
NE TE PLAINS PAS ! MIGUEL ET MOI, ÇA FAIT TROIS ANS QU'ON SUPPORTE LES COLÈRES DE RAMÓN ET DU PATRON. ALORS, CE SOIR, C'EST MOI QUI RÉGALE !
PHILAN
4

CE N'EST PAS UN PEU RISQUÉ, PATRON ?
CLAC
RISQUÉ ? BIEN AU CONTRAIRE, RAMÓN. C'EST LA SEULE FAÇON DE NE PRENDRE AUCUN RISQUE !
LE GRAND RAMÓN AURAIT-IL PEUR ?
BIEN DES FOIS PAR LE PASSÉ, J'AI FAILLI CREVER DE PEUR...
ALORS, CE QUE VOUS ME DEMANDEZ LÀ, C'EST DE LA RIGOLADE !
IL Y A UN PROBLÈME, MIGUEL ?
C'EST POUR CE SOIR.
QUOI ? MAIS C'EST TROP TÔT ! UN ENLÈVEMENT, ÇA NE SE FAIT PAS COMME ÇA ! ÇA S'ORGANISE !!
QUI T'A PARLÉ D'ENLÈVEMENT ?
5

JE NE LE FERAI PAS, TU M'ENTENDS ? ÇA N'A JAMAIS ÉTÉ PRÉVU COMME ÇA !
TRÈS BIEN, LUIS, TRÈS BIEN. ALORS VA LE DIRE À RAMÓN !
RA...
... RAMÓN...
FORÊT AMAZONIENNE... VINGT ANS PLUS TÔT...
CRISE DE MALARIA, IL EST TROP FAIBLE. IL NE PEUT PLUS MARCHER !...
TANT PIS POUR LUI ! ON LE LAISSE ICI !
MAIS...
NE DISCUTE PAS, LUIS ! NE ME CONTREDIS JAMAIS ! JAMAIS ! COMPRIS ?!
COMPRIS, RAMÓN...
... JE NE RECOMMENCERAI PLUS...
JE VAIS CHEZ LE PATRON, JE REPASSE TE CHERCHER CE SOIR... LUIS, JE T'EN PRIE, ESSAYE DE TE CALMER.
ALORS... QUE LA FÊTE COMMENCE !
6

QUATRE ANS QUE J'ATTENDS CET INSTANT, TU M'ENTENDS ? CETTE SOIRÉE EST TA DERNIÈRE.
TA DERNIÈRE !
LE MAL QUE ÇA ME FAIT N'EST RIEN À CÔTÉ DU PLAISIR QUE CELA ME PROCURE. CETTE DÉLIVRANCE SERA LE PLUS BEAU MOMENT DE MA VIE, TU M'ENTENDS ?...
C'EST ÇA, RICANE !... ENCORE QUELQUES HEURES ET TA PETITE VOIX QUI ME POURSUIT DEPUIS QUATRE ANS VA ENFIN SE TAIRE. JE DEVIENS TROP VIEUX ? UNE FOIS DE PLUS, TU DOUTES DE L'ÉTENDUE DE MA PUISSANCE...
... ALORS TU VAS VOIR...
7

C'EST INCROYABLE, LUIS !
JE VOIS COMME EN PLEIN JOUR ! LE PATRON A TROUVÉ LÀ DE VRAIS BIJOUX !
ÇA VA, LUIS ?
ÇA VA...
C'EST L'HEURE.
ÇA Y EST !...
8

?
THUB
THUB
BON SANG ! ON VA APERCEVOIR LA LUMIÈRE DE L'EXTÉRIEUR !
À MOINS QUE...
THUB
... C'EST ÇA !... LES LUNETTES AMPLIFIENT LES ÉCLAIRS !... IL N'EMPÊCHE...
...'FAUDRAIT VRAIMENT SE DÉPÊCHER !.. ÇA TRAÎNE !...
MERCI, DONIDO !...
SI TU NE M'AVAIS PAS RÉVEILLÉE, J'AURAIS ENCORE FAIT PIPI AU LIT !...
10

?
?
MERDE !
IL MANQUE
UNE GAMINE !..
?
QUOI ?
AAAAAAAHH
NOM DE...
11

THUMB
THUMB
Piuuu
Piuuuu
AAAH!
AU SECOUURS
BON SANG! QU'EST-CE QUI SE PASSE?
UNE GAMINE N'ÉTAIT PAS DANS LA CHAMBRE. CET ABRUTI DE JAVIER NE L'A PAS VUE VENIR!
HÉ! QUI EST LÀ?
ON NE FAIT PLUS DANS LE DÉTAIL! RATTRAPEZ-MOI LA GAMINE, ON S'OCCUPE DES AUTRES!
MONSIEUR TONIO! AU SECOURS!
AIDEZ-MOI, MONSIEUR TONIO!
HEIN?... QUOI?...
DES MÉCHANTS! ILS TUENT TOUT LE MONDE!
MAIS QU'EST-CE QUE TU RACONTES?! QUELS MÉCHANTS?...
12

JAVIER! QUOI?
BON SANG! QU'EST-CE QUI SE PASSE LÀ-HAUT?
JULIA, QUOI QU'IL ARRIVE, TU NE BOUGES PAS D'ICI. JE MONTE VOIR CE QUI SE PASSE.
MONSIEUR TONIO, NE ME LAISSEZ PAS...
CACHE-TOI DERRIÈRE LE LIT ET ATTENDS-MOI. TU NE RISQUES RIEN ICI.
ELLE A DISPARU! NOM DE DIEU, POURQUOI TU NE L'AS PAS SUIVIE, JAVIER?...
C'ÉTAIT PAS PRÉVU DANS LE PLAN, LUIS, IL FAUT LAISSER TOMBER!
QUOI? PAS QUESTION! RAMÓN NE NOUS LE PARDONNERAIT PAS! ON FOUILLE CET ORPHELINAT DE FOND EN COMBLE ET JE VOUS JURE QU'ON VA LA RETROUVER!
SUIVEZ-MOI!
!
!
13

BLAM
À TON TOUR !
THUMB
THUMB
BLAM
AARG !
C'ÉTAIT MOINS UNE, PAS VRAI ?
OUAIS...
C'EST LE GARDIEN !
LA GAMINE A DÛ PRÉVENIR CE TYPE. ELLE DOIT ÊTRE DANS CETTE PIÈCE, LÀ !
MERDE ! ELLE S'EST BARRÉE PAR LA FENÊTRE !
SUIS-MOI !
LUIS... ÇA DEVIENT DANGEREUX DE LA SUIVRE DEHORS. ET CE N'EST PEUT-ÊTRE PAS LA GAMINE QUI NOUS INTÉRESSE..
PEUT-ÊTRE... MAIS, SI C'EST ELLE, RAMON NOUS TUERA POUR L'AVOIR LAISSÉE FILER...
14

TU SAÏS, TUPAC...
... J'AÏ L'IMPRESSION QUE LES GENS NE JETTENT PLUS RIEN DE VALABLE !...
ET TOÏ ? TU NE POURRAÏS PAS ME RAMENER UN RAT DE TEMPS EN TEMPS ? ÇA NE DOÏT PAS ÊTRE MAUVAÏS ... HUM ?...
MÏAW...
BON, ON FAÏT ENCORE CETTE RUE ET PUÏS ON RENTRE !...
PUTAÏN ! LUÏS, ON L'A PERDUE !
TA GUEULE, JAVÏER ! ELLE NE PEUT PAS ÊTRE LOÏN !
?
RÏEN ... RÏEN ... DÉCÏDÉMENT ...
?
MÏAW...
QUOÏ ? QU'Y A-T-ÏL, TUPAC ?
OH ! BON SANG !
LAÏSSE TOMBER ! CE N'EST QU'UN CLOCHARD !
ATTENDS !
15

JE RÊVE !! QUE FAIS-TU LÀ, PETITE, DANS CETTE POUBELLE ?
NE ME FAITES PAS DE MAL, MONSIEUR...
MAIS POURQUOI TE FERAIS-JE DU MAL ?... DE QUOI AS-TU PEUR ?
DES MÉCHANTS MESSIEURS... QUI TUENT LES ENFANTS...
BON SANG !
'FAUT PAS RESTER ICI, PETITE !...
ÉCOUTE, FAIS-MOI CONFIANCE, SORS DE LÀ !... ON VA ALLER CHEZ MOI ET TU RACONTERAS TOUT ÇA À TONTON JORGE, OK ?...
OUI...
ET DONNE-MOI ÇA !... CE N'EST PAS UN JOUET !
DÉPÊCHONS-NOUS !
BIEN VU, LUIS ! LE CLOCHARD L'A RETROUVÉE... QU'EST-CE QU'ON FAIT ?
IL FAUT EN FINIR !
MAAWWR
PIUU
PIUU
16

BRAVO, LUÍS ! TU L'AS EUE !
JE NE CROIS PAS... ATTENDS-MOI LÀ, JE VAIS VOIR !...
JORGE?
PAN
PAN
LUÍS! NOON
SALOPARD! JE VAIS TE TUER !
17

CLIC
NON! NON!
CLIC CLIC
PAN
AARG ! MA MAIN !
TUPAC...
TU AS TUÉ MON CHAT !
QU'EST-CE QUE...?
TU AS TUÉ MON CHAT !
NON, PITIÉ !
TU AS TUÉ MON CHAT!
NOON!
AAAAH
18

VIENS, PETITE ! PARTONS !...
LUIS ? LUIS ?
ATTENDS-MOI UN INSTANT !
LUIS !
CE N'EST PAS POSSIBLE !
HEIN ?
IL FAUT PARTIR, MONSIEUR.
TU AS RAISON... ALLONS-NOUS-EN !
19

LUIS?
LUIS... JE N'ARRIVE PAS À LE CROIRE...
QUAND JE PENSE À TOUT CE QU'ON A VÉCU... IL A FALLU QUE CE SOIT MOI QUI METTE FIN À SES JOURS.
20

TU SAIS QU'IL M'A SAUVÉ LA VIE PLUS D'UNE FOIS ? JE COMPRENDS MAINTENANT SON HÉSITATION À ME TIRER DESSUS.
TOUTE LA NUIT PENDANT QUE NOUS MARCHIONS, JE ME SUIS POSÉ LA MÊME QUESTION : POURQUOI LUIS VOULAIT TUER CETTE FILLE ?
ET MOI, JE N'AI PAS HÉSITÉ...
J'AI CROISÉ LUIS IL Y A UN AN. IL AVAIT ALORS QUITTÉ LE SENTIER LUMINEUX DEPUIS ENVIRON DEUX ANS. DEPUIS, IL TRAVAILLAIT POUR UNE ESPÈCE DE MILICE À LA SOLDE DE QUELQUES INDUSTRIELS...
C'EST RAMÓN QUI A CRÉÉ CETTE MILICE...
BIEN SÛR, RAMÓN...
JE TE TUERAI, JORGE !
POUR TOUT CE QUE TU ES ! POUR TA LÂCHETÉ !
21

LUIS A TOUJOURS ÉTÉ SOUS L'EMPRISE DE RAMÓN. MÊME CE FAMEUX JOUR OÙ TU ES PARTI ; MALGRÉ SON AMITIÉ POUR TOI, IL LUI EST RESTÉ FIDÈLE.
JE SUIS SÛR QUE RAMÓN EST DERRIÈRE TOUT CELA.
MAIS JULIA EST TOUJOURS VIVANTE, RAMÓN.
MAIS POURQUOI, MARKO ? POURQUOI CETTE TUERIE ?
SI TU AVAIS INTERROGÉ LE TYPE AU LIEU DE LE SAIGNER, ON EN SAURAIT PEUT-ÊTRE PLUS !
IL N'AVAIT QU'À PAS TUER MON CHAT !
TU N'AS PAS CHANGÉ, JORGE...
CONTRAIREMENT À TOI, MARKO, JE SAIS !
TU AS RAISON, CE N'EST PAS À MOI DE TE JUGER. JE SUIS CONTENT QUE TU SOIS REVENU.
MOI AUSSI...
BON, ALLONS VOIR CETTE ENFANT, IL FAUT QUE TU NOUS PRÉSENTES.
22

JORGE, QUE VAS-TU FAIRE DE LA PETITE ?
JE NE SAIS PAS...
TU NE COMPTES TOUT DE MÊME PAS LA GARDER AVEC TOI ?
...
AAAAH
BON SANG, JULIA !
?
JULIA !
CE N'EST RIEN, JULIA, C'EST JUSTE UN CAUCHEMAR. TOUT VA BIEN. CALME-TOI...
C'EST BON, ELLE S'EST RENDORMIE.
JORGE, PLUS J'Y RÉFLÉCHIS ET MOINS JE COMPRENDS POURQUOI DES TYPES SURARMÉS VOUDRAIENT S'EN PRENDRE À UNE GAMINE.
JE NE COMPRENDS PAS PLUS QUE TOI. TE SERAIT-IL POSSIBLE D'ALLER À L'ORPHELINAT POUR OBTENIR DES RENSEIGNEMENTS ?
TU SAIS BIEN QUE TU PEUX TOUJOURS COMPTER SUR MOI !
MERCI, MARKO.
ABRUTI ! C'EST UN DÉSASTRE !
LA RADIO VIENT DE LE CONFIRMER : C'EST NOTRE GAMINE QUI EST PORTÉE DISPARUE ! COMMENT AVEZ-VOUS PU ÉCHOUER ?!
23

REGARDE-MOI ! DONNE-MOI UNE EXPLICATION, ET TÂCHE D'ÊTRE CONVAINCANT !
C'EST INCOMPRÉHENSIBLE, PATRON. ELLE A DÛ TROUVER DE L'AIDE, ET PAS N'IMPORTE QUI, SEULS DES GARS SURENTRAÎNÉS POUVAIENT VENIR À BOUT D'UN TYPE COMME LUIS !
CE QUE JE NE COMPRENDS PAS, C'EST POURQUOI JAVIER AVAIT LE VISAGE LACÉRÉ...
LACÉRÉ ?
OUI, PEUT-ÊTRE VOULAIENT-ILS LE FAIRE PARLER... MAIS QUI ?
MES ENNEMIS ! TOUS CEUX QUI M'ENTOURENT... PAR QUEL MYSTÈRE ÉTAIENT-ILS AU COURANT DE NOTRE AFFAIRE ?
NE VOUS EN FAITES PAS, PATRON. JE VAIS METTRE TOUS NOS INDICATEURS SUR L'AFFAIRE, NOUS AVONS MAINTENANT LE SIGNALEMENT DE LA GAMINE.
TU DOIS FAIRE VITE ! ILS VEULENT MA PERTE, ET CETTE GAMINE EN EST LA CLÉ.
S'ILS L'ONT RÉCUPÉRÉE, C'EST UNE CATASTROPHE !
24

1 MOUVEMENT TERRORISTE RÉVOLUTIONNAIRE D'OBÉDIENCE MAOÏSTE.
2 CHEF DU SENTIER LUMINEUX, ARRÊTÉ EN 1992, SOIT UN AN AVANT LA DATE DE NOTRE HISTOIRE.

SI RAMÓN EST DERRIÈRE TOUT ÇA, IL VA TE FALLOIR ÊTRE TRÈS PRUDENT...
NE T'EN FAIS PAS. PERSONNE NE NOUS A VUS. NOUS SOMMES ICI EN SÉCURITÉ.
NOUS ? TU VEUX DIRE QUE TU VEUX GARDER JULIA AVEC TOI ?
ET POURQUOI PAS ? SI ON LA REMET DANS UN ORPHELINAT, RAMÓN LA RETROUVERA.
C'EST IMPOSSIBLE ! REGARDE-TOI, JORGE ! AS-TU CONSCIENCE DE...
JUSTEMENT OUI ! J'Y AI PENSÉ TOUTE LA NUIT, ET J'AI ENFIN PRIS CONSCIENCE DE LA DÉCHÉANCE DANS LAQUELLE JE SOMBRE DEPUIS DES ANNÉES. ET POURTANT ...
... J'AI RÉUSSI À LA SAUVER. MA VIE A ENCORE UN SENS, MARKO. JE PEUX CONTINUER À LA SAUVER, ET PEUT-ÊTRE ME SAUVER MOI-MÊME. LAISSE-MOI CETTE CHANCE...
C'EST TELLEMENT RISQUÉ...
PAS TANT QUE ÇA. RAMÓN NE PEUT PAS NOUS RETROUVER ICI. PERSONNE N'A VU JULIA. JE PEUX MÊME LA FAIRE PASSER POUR UN PETIT GARÇON, MON NEVEU PAR EXEMPLE ! ET PUIS, TU CONNAIS LA FRONTIÈRE QUI SÉPARE LES BIDONVILLES DU RESTE DU MONDE : RIEN N'EN SORT, RIEN N'Y RENTRE...
ÉCOUTE, JORGE. JE TE PROPOSE UN MARCHÉ. JE TE LAISSE UN MOIS POUR ME PROUVER QUE TU PEUX T'EN SORTIR. DURANT UN MOIS, JE T'AIDERAI À TROUVER DE LA NOURRITURE ET DES VÊTEMENTS POUR JULIA. SI, PASSÉ CE DÉLAI, TU N'ES PAS CAPABLE DE T'OCCUPER D'ELLE...
... JE LA CONFIERAI À UN DE MES AMIS PRÊTRE DANS LA CORDILLÈRE. C'EST D'ACCORD ?
C'EST D'ACCORD, MARKO.
DE PLUS...
QUOI ENCORE ?
26

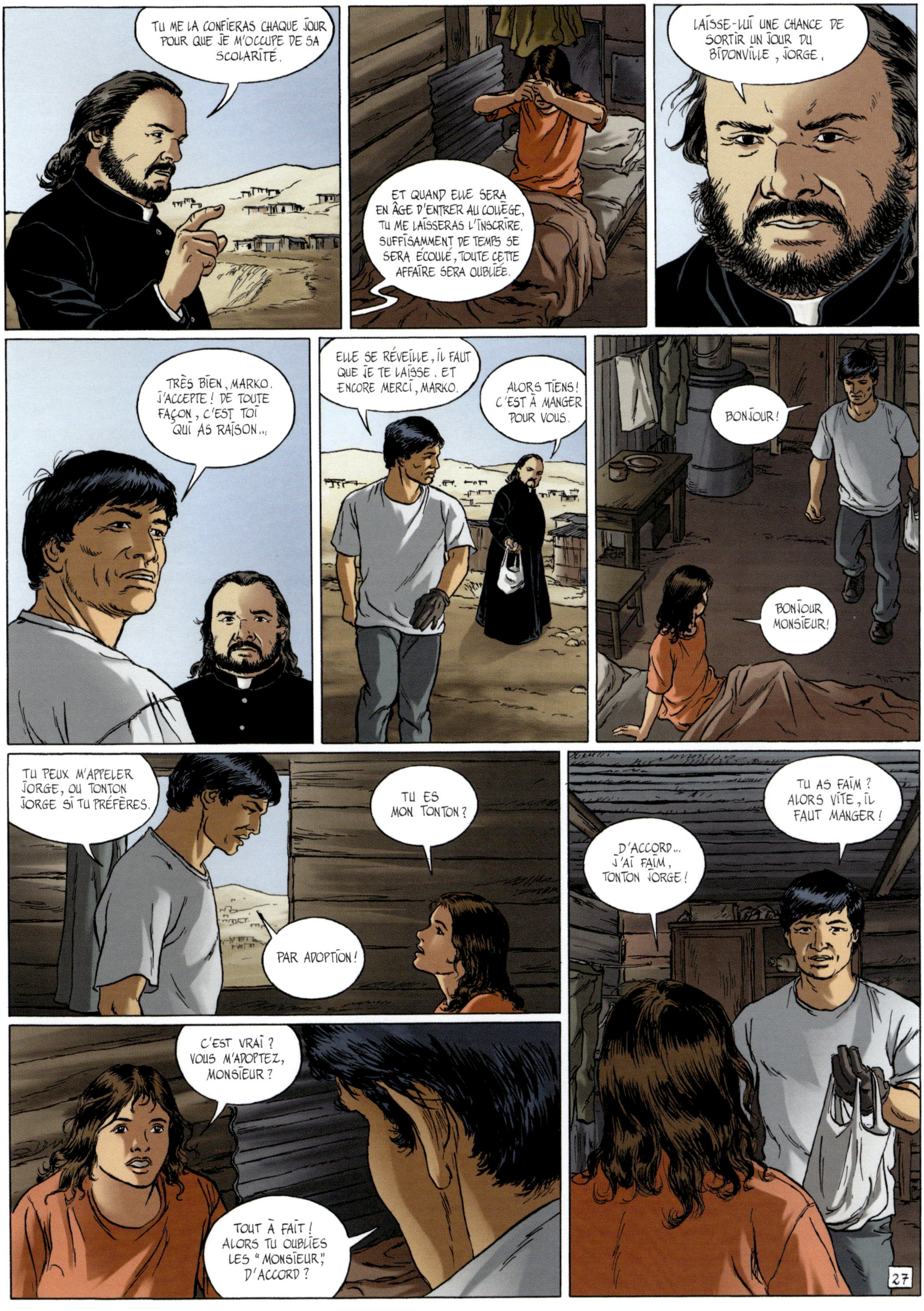
TU ME LA CONFIERAS CHAQUE JOUR POUR QUE JE M'OCCUPE DE SA SCOLARITÉ.
ET QUAND ELLE SERA EN ÂGE D'ENTRER AU COLLÈGE, TU ME LAISSERAS L'INSCRIRE. SUFFISAMMENT DE TEMPS SE SERA ÉCOULÉ, TOUTE CETTE AFFAIRE SERA OUBLIÉE.
LAISSE-LUI UNE CHANCE DE SORTIR UN JOUR DU BIDONVILLE, JORGE.
TRÈS BIEN, MARKO. J'ACCEPTE ! DE TOUTE FAÇON, C'EST TOI QUI AS RAISON...
ELLE SE RÉVEILLE, IL FAUT QUE JE TE LAISSE. ET ENCORE MERCI, MARKO.
ALORS TIENS ! C'EST À MANGER POUR VOUS.
BONJOUR !
BONJOUR MONSIEUR !
TU PEUX M'APPELER JORGE, OU TONTON JORGE SI TU PRÉFÈRES.
TU ES MON TONTON ?
PAR ADOPTION !
C'EST VRAI ? VOUS M'ADOPTEZ, MONSIEUR ?
TOUT À FAIT ! ALORS TU OUBLIES LES "MONSIEUR," D'ACCORD ?
TU AS FAIM ? ALORS VITE, IL FAUT MANGER !
D'ACCORD... J'AI FAIM, TONTON JORGE !
27

C'ÉTAIT BON ?
TRÈS !
MAINTENANT, JULIA, IL FAUT QUE TU M'ÉCOUTES ATTENTIVEMENT. LES MÉCHANTS MESSIEURS SONT PEUT-ÊTRE ENCORE À TA RECHERCHE.
IL NE FAUDRA JAMAIS RACONTER À QUI QUE CE SOIT QUI TU ES ET D'OÙ TU VIENS.
ON POURRAIT ALLER VOIR LA POLICE ?
D'EXPÉRIENCE, JE SAIS QU'ON NE PEUT PAS FAIRE CONFIANCE À LA POLICE.
ALORS, TU RACONTERAS À TOUT LE MONDE QUE TU ES MON NEVEU !
MAIS JE SUIS UNE FILLE !
JUSTEMENT, PLUS ON BROUILLERA LES PISTES, MIEUX CELA VAUDRA. POUR COMMENCER, JE VAIS TE COUPER LES CHEVEUX. VIENS T'ASSEOIR LÀ !
28

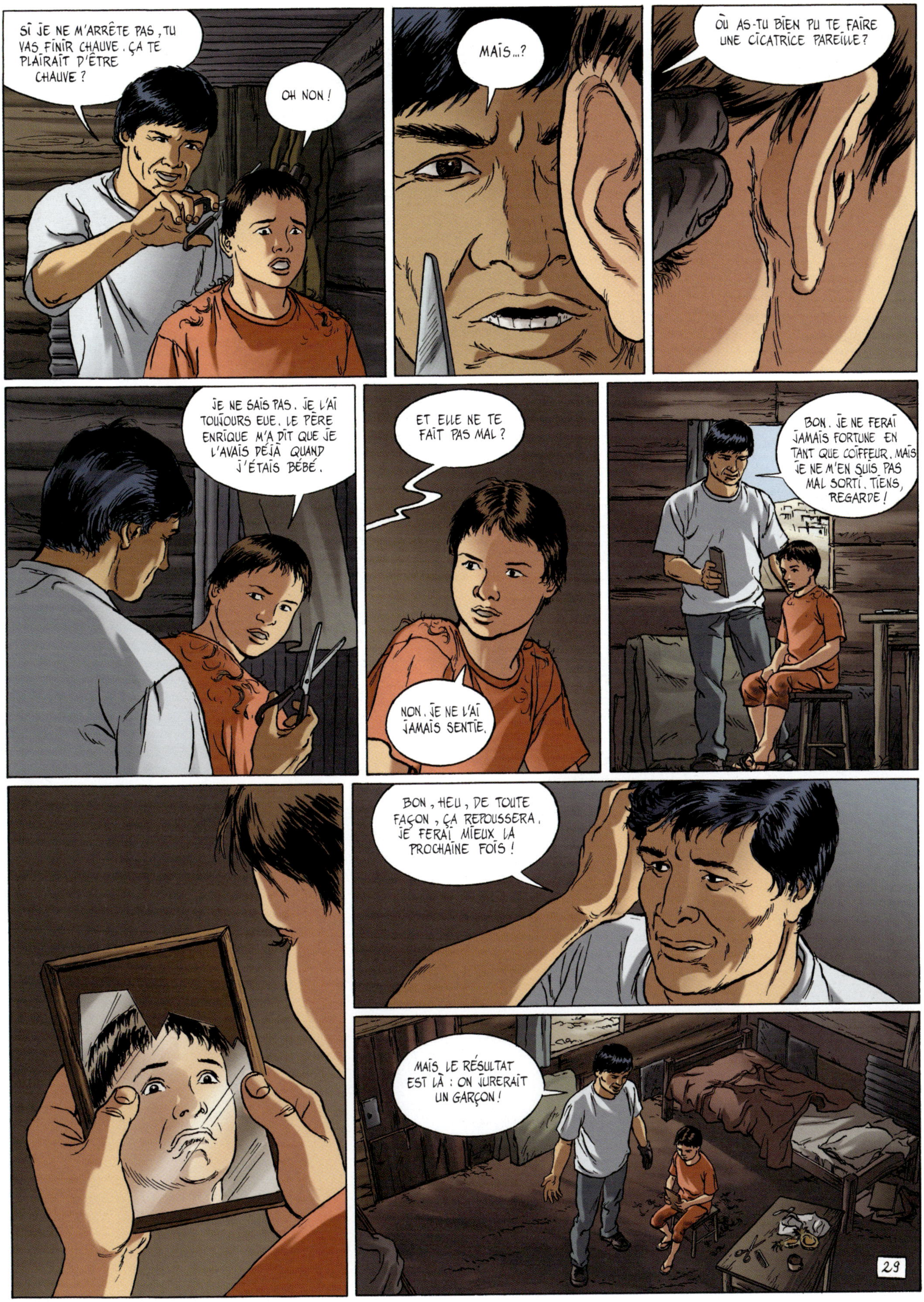
SI JE NE M'ARRÊTE PAS, TU VAS FINIR CHAUVE. ÇA TE PLAIRAIT D'ÊTRE CHAUVE ?
OH NON !
MAIS...?
OÙ AS-TU BIEN PU TE FAIRE UNE CICATRICE PAREILLE ?
JE NE SAIS PAS. JE L'AI TOUJOURS EUE. LE PÈRE ENRIQUE M'A DIT QUE JE L'AVAIS DÉJÀ QUAND J'ÉTAIS BÉBÉ.
ET ELLE NE TE FAIT PAS MAL ?
NON. JE NE L'AI JAMAIS SENTIE.
BON. JE NE FERAI JAMAIS FORTUNE EN TANT QUE COIFFEUR. MAIS JE NE M'EN SUIS PAS MAL SORTI. TIENS, REGARDE !
BON, HEU, DE TOUTE FAÇON, ÇA REPOUSSERA. JE FERAI MIEUX LA PROCHAINE FOIS !
MAIS LE RÉSULTAT EST LÀ : ON JURERAIT UN GARÇON !
29

JULIA, IL Y A QUELQUES MOIS, J'AI TROUVÉ DANS UNE POUBELLE UN CHATON APEURÉ. JE L'AI ADOPTÉ ET APPELÉ TUPAC.
JE LUI AVAIS MÊME FAIT UN COLLIER.
T'AYANT TROUVÉE DANS UNE POUBELLE ET COMME IL TE FAUT UN NOUVEAU NOM, J'AIMERAIS BIEN QU'ON T'APPELLE TUPAC DÉSORMAIS. QU'EST-CE QUE TU EN PENSES ?
TUPAC...
J'AIME BIEN !
LE SOIR MÊME...
BONNE NUIT, TUPAC.
BONNE NUIT.

UHHHMMM...
À NOS CINQ ANS, TUPAC ! BON ANNIVERSAIRE !

DÉJÀ CINQ ANS... ON NE S'EN SORT PAS SI MAL, NON ?
JE ME SOUVIENS COMME NOS DÉBUTS ONT ÉTÉ DIFFICILES. TOUTES LES NUITS, TU TE RÉVEILLAIS EN HURLANT, ASSAILLIE PAR DES CAUCHEMARS.
MAIS AVEC LE TEMPS, CES MAUVAIS SOUVENIRS SE SONT ESTOMPÉS.
GRÂCE À MARKO, TU AS TROUVÉ REFUGE DANS LES ÉTUDES. TU L'ÉTONNAIS PAR TA SOIF DE CONNAISSANCES.
TOUT ALLAIT POUR LE MIEUX, J'AVAIS TROUVÉ UN TRAVAIL DE MAÇON NON LOIN DE LA SUCIEDAD. TU T'ÉTAIS MÊME FAIT DES AMIS.
TU TE SOUVIENS DE CES HEURES D'ENTRAÎNEMENT À APPRENDRE LES ARTS MARTIAUX ?
JE VOULAIS TELLEMENT ÊTRE SÛR QUE TU PUISSES TE DÉFENDRE DANS LE BIDONVILLE.
TU AS ACQUIS UN TRÈS BON NIVEAU. ET JE CROIS QUE CERTAINS JEUNES L'ONT APPRIS À LEURS DÉPENS.
32

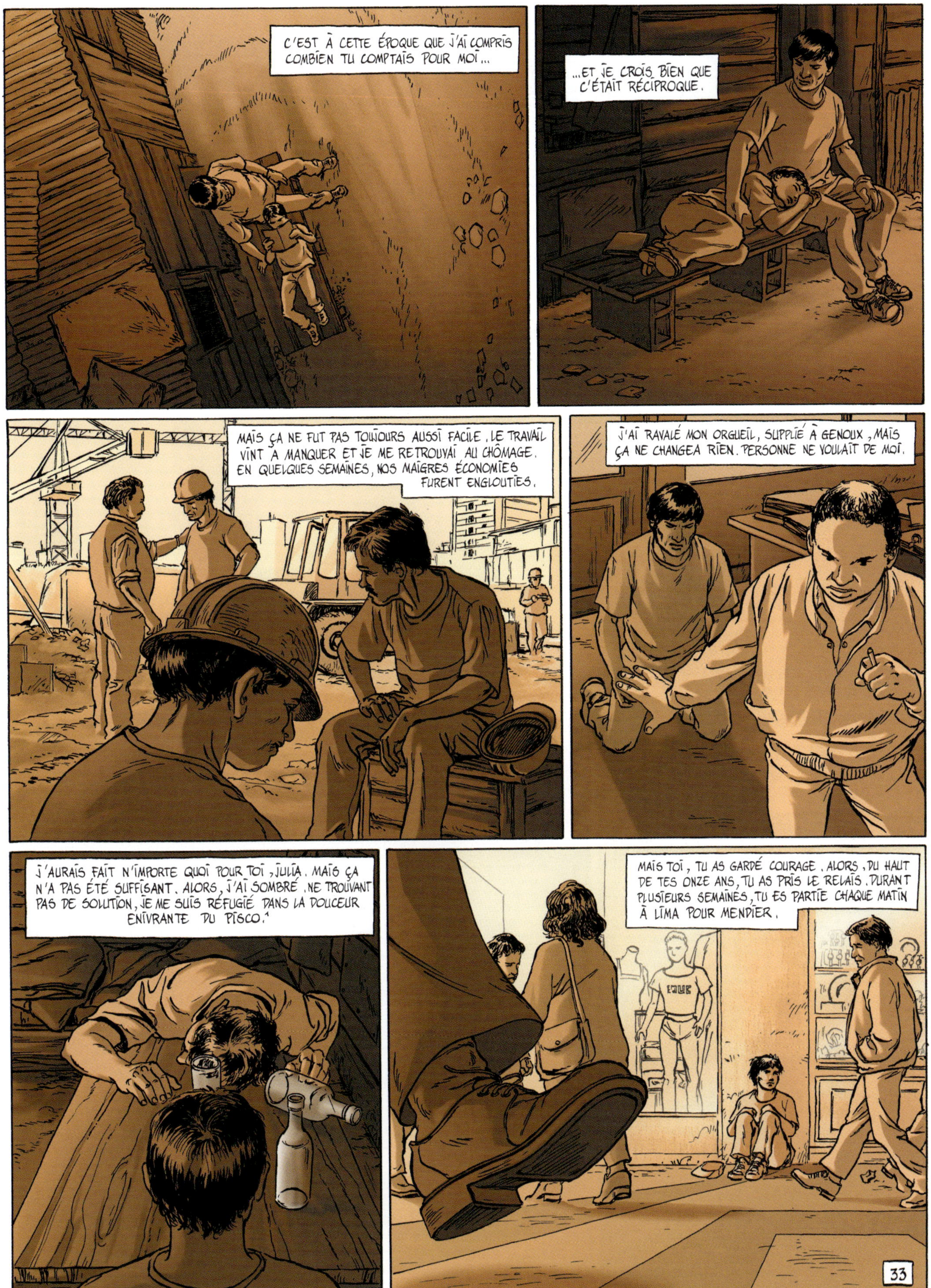

1. ALCOOL DE MAÏS.

1. MONNAIE PÉRUVIENNE

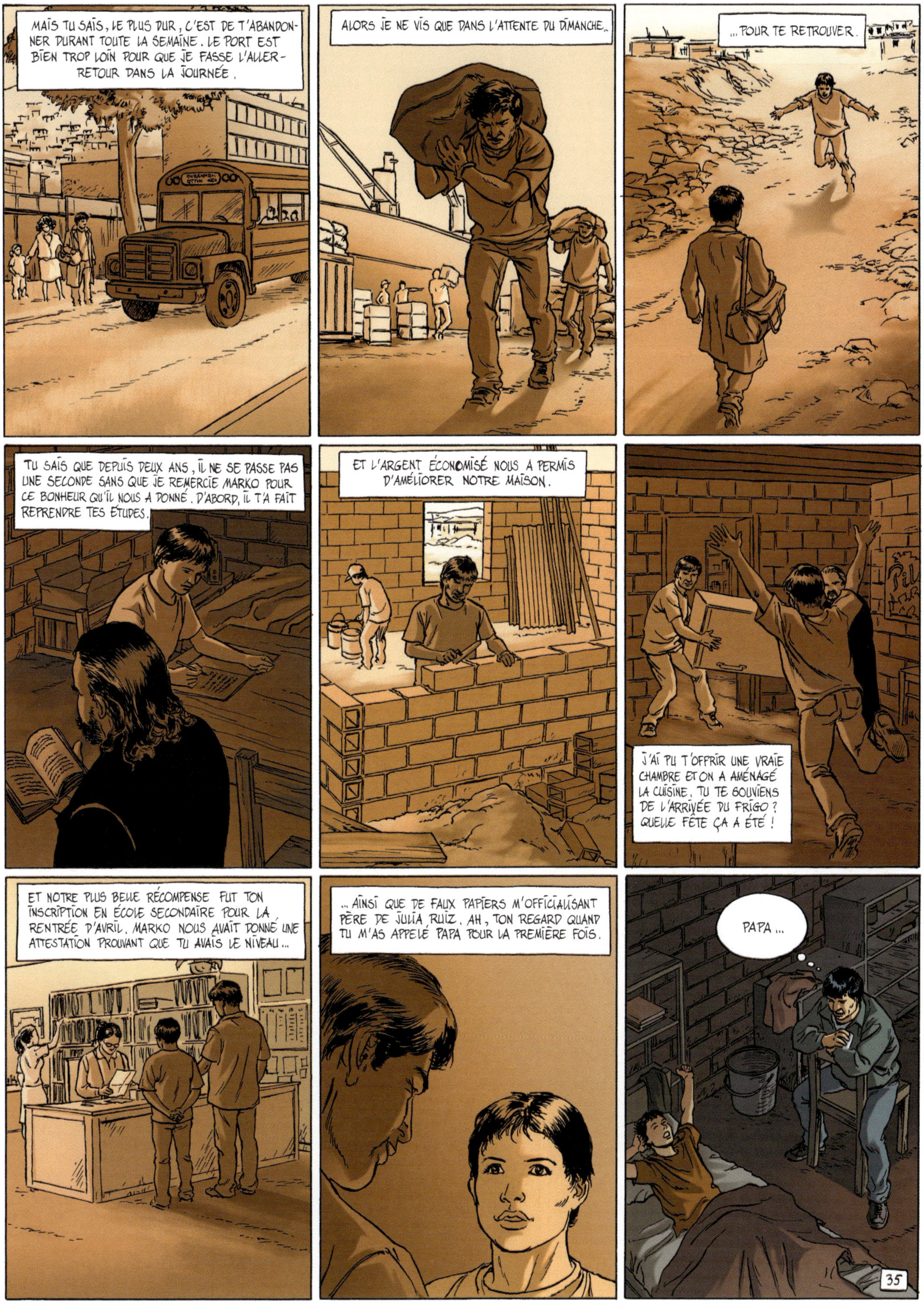
MAIS TU SAIS, LE PLUS DUR, C'EST DE T'ABANDONNER DURANT TOUTE LA SEMAINE. LE PORT EST BIEN TROP LOIN POUR QUE JE FASSE L'ALLER-RETOUR DANS LA JOURNÉE.
ALORS JE NE VIS QUE DANS L'ATTENTE DU DIMANCHE...
...POUR TE RETROUVER.
TU SAIS QUE DEPUIS DEUX ANS, IL NE SE PASSE PAS UNE SECONDE SANS QUE JE REMERCIE MARKO POUR CE BONHEUR QU'IL NOUS A DONNÉ. D'ABORD, IL T'A FAIT REPRENDRE TES ÉTUDES.
ET L'ARGENT ÉCONOMISÉ NOUS A PERMIS D'AMÉLIORER NOTRE MAISON.
J'AI PU T'OFFRIR UNE VRAIE CHAMBRE ET ON A AMÉNAGÉ LA CUISINE. TU TE SOUVIENS DE L'ARRIVÉE DU FRIGO ? QUELLE FÊTE ÇA A ÉTÉ !
ET NOTRE PLUS BELLE RÉCOMPENSE FUT TON INSCRIPTION EN ÉCOLE SECONDAIRE POUR LA RENTRÉE D'AVRIL. MARKO NOUS AVAIT DONNÉ UNE ATTESTATION PROUVANT QUE TU AVAIS LE NIVEAU...
...AINSI QUE DE FAUX PAPIERS M'OFFICIALISANT PÈRE DE JULIA RUIZ. AH, TON REGARD QUAND TU M'AS APPELÉ PAPA POUR LA PREMIÈRE FOIS.
PAPA...
35

SERAIT-CE POUR NOS CINQ ANS ?
GAGNÉ, PETITE FUTÉE, JOYEUX ANNIVERSAIRE, MON COEUR.
MIAM MIAM... TU AS FAIT DES FOLIES !!
ET TU N'AS PAS TOUT VU !
SURPRISE!
WOUAH!
TU SERAS NON SEULEMENT L'ÉLÈVE LA PLUS BRILLANTE, MAIS AUSSI LA PLUS JOLIE !
CE N'EST PAS AVEC CETTE COIFFURE QUE JE FERAI DES ÉTINCELLES !
TU N'ES PAS D'ACCORD ?
EH BIEN, TU LAISSERAS REPOUSSER TES CHEVEUX.
C'EST VRAI ?
IL EST TEMPS D'ARRÊTER DE SE CACHER. ON N'A PLUS RIEN À CRAINDRE. DÈS QUE J'AURAI ASSEZ D'ARGENT, NOUS LOUERONS UN APPARTEMENT PRÈS DE TON ÉCOLE ET NOUS REPRENDRONS UNE VIE NORMALE.
MERCI, JORGE.
DE RIEN, JULIA.
OH NON, APPELLE-MOI TUPAC. LAISSONS JULIA POUR L'ÉCOLE. TUPAC, C'EST RIEN QUE POUR NOUS DEUX.
PROMIS.
36

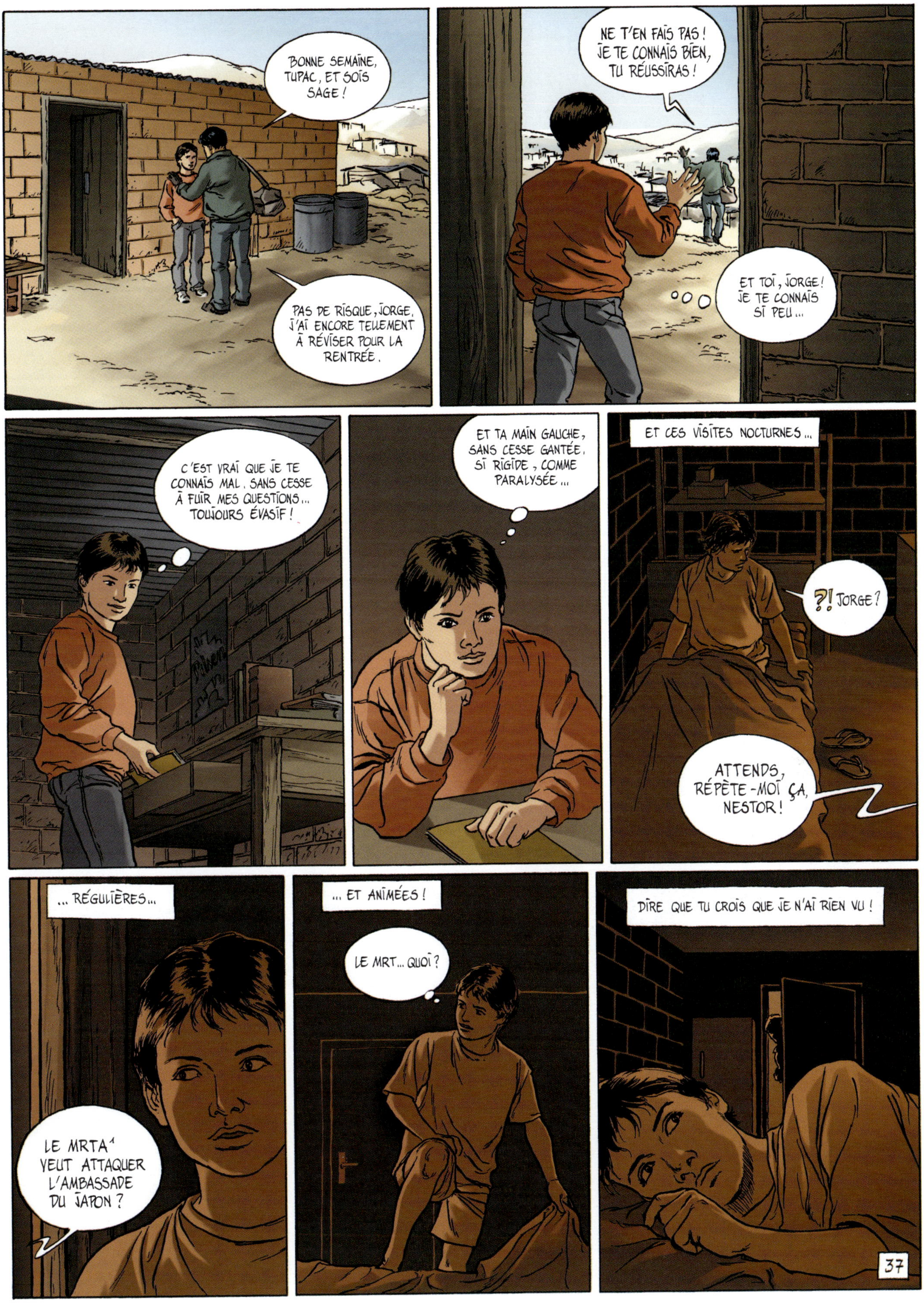

1. MOUVEMENT RÉVOLUTIONNAIRE TUPAC AMARU.

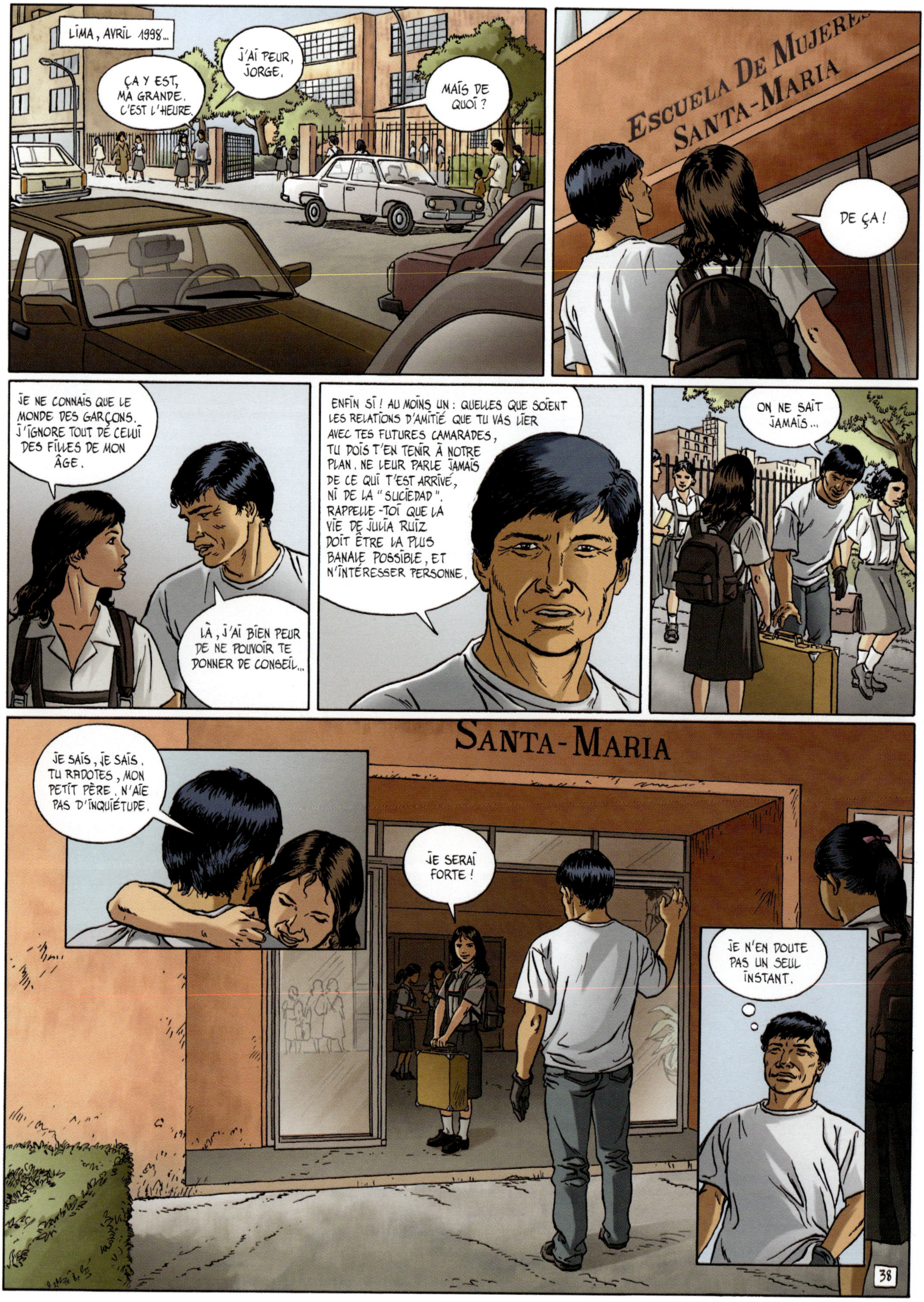
LIMA, AVRIL 1998...
ÇA Y EST, MA GRANDE. C'EST L'HEURE.
J'AI PEUR, JORGE.
MAIS DE QUOI ?
ESCUELA DE MUJERES SANTA-MARIA
DE ÇA !
JE NE CONNAIS QUE LE MONDE DES GARÇONS. J'IGNORE TOUT DE CELUI DES FILLES DE MON ÂGE.
LÀ, J'AI BIEN PEUR DE NE POUVOIR TE DONNER DE CONSEIL...
ENFIN SI ! AU MOINS UN : QUELLES QUE SOIENT LES RELATIONS D'AMITIÉ QUE TU VAS LIER AVEC TES FUTURES CAMARADES, TU DOIS T'EN TENIR À NOTRE PLAN. NE LEUR PARLE JAMAIS DE CE QUI T'EST ARRIVÉ, NI DE LA "SUCIEDAD". RAPPELLE-TOI QUE LA VIE DE JULIA RUIZ DOIT ÊTRE LA PLUS BANALE POSSIBLE, ET N'INTÉRESSER PERSONNE.
ON NE SAIT JAMAIS...
SANTA-MARIA
JE SAIS, JE SAIS. TU RADOTES, MON PETIT PÈRE. N'AIE PAS D'INQUIÉTUDE.
JE SERAI FORTE !
JE N'EN DOUTE PAS UN SEUL INSTANT.
38

TÉLÉPHONE POUR TOI, JORGE !
J'ARRIVE !
ALLÔ ?... BONJOUR MA GRANDE. ALORS, COMMENT S'EST PASSÉE CETTE PREMIÈRE SEMAINE ?
ÇA VA... LES FILLES SONT GENTILLES ET LES COURS SONT TRÈS INTÉRESSANTS. JE N'AI PAS TROP DE MAL À SUIVRE ... MAIS ...
MAIS ?
JE NE SAIS PAS ... J'AI UNE ANGOISSE QUI M'ÉTREINT DEPUIS DEUX JOURS, ÇA ME FAIT MAL À LA TÊTE. J'AI PEUR, JORGE.
CALME-TOI, JULIA. C'EST NORMAL. C'EST LA PREMIÈRE FOIS QUE TU T'ÉLOIGNES AUSSI LONGTEMPS DU SOL PROTECTEUR DE "LA SUCIEDAD". IL NOUS FAUT RÉAPPRENDRE À VIVRE NORMALEMENT.
CINQ ANS, RAMÓN ! DEPUIS CINQ ANS, VOUS M'INFLIGEZ LE TRISTE SPECTACLE DE VOTRE INCOMPÉTENCE. VOUS ME DÉSESPÉREZ !
NOUS AVONS RETOURNÉ TOUTE LA VILLE, PATRON. NOUS N'AVONS RETROUVÉ AUCUNE TRACE D'ELLE. ELLE A DÛ QUITTER LIMA DEPUIS LONGTEMPS.
NON, RAMÓN. MON INSTINCT ME DIT QU'ELLE N'EST PAS LOIN. CONTINUEZ À CHERCHER.
MAIS...
NE ME CONTRARIEZ PAS, RAMÓN ! AU TRAVAIL, ET CESSEZ DE ME DÉCEVOIR.
QUELQUES MOIS PLUS TARD...
JORGE !
J'AI RÉUSSI ! JE SUIS ADMISE EN ANNÉE SUPÉRIEURE !
JE T'AVAIS BIEN DIT QUE TOUT IRAIT BIEN. MAINTENANT, IL NE NOUS RESTE PLUS QU'À ALLER FÊTER L'ÉVÉNEMENT AU RESTAURANT.
AU RESTAURANT ? POUR DE VRAI ?
39

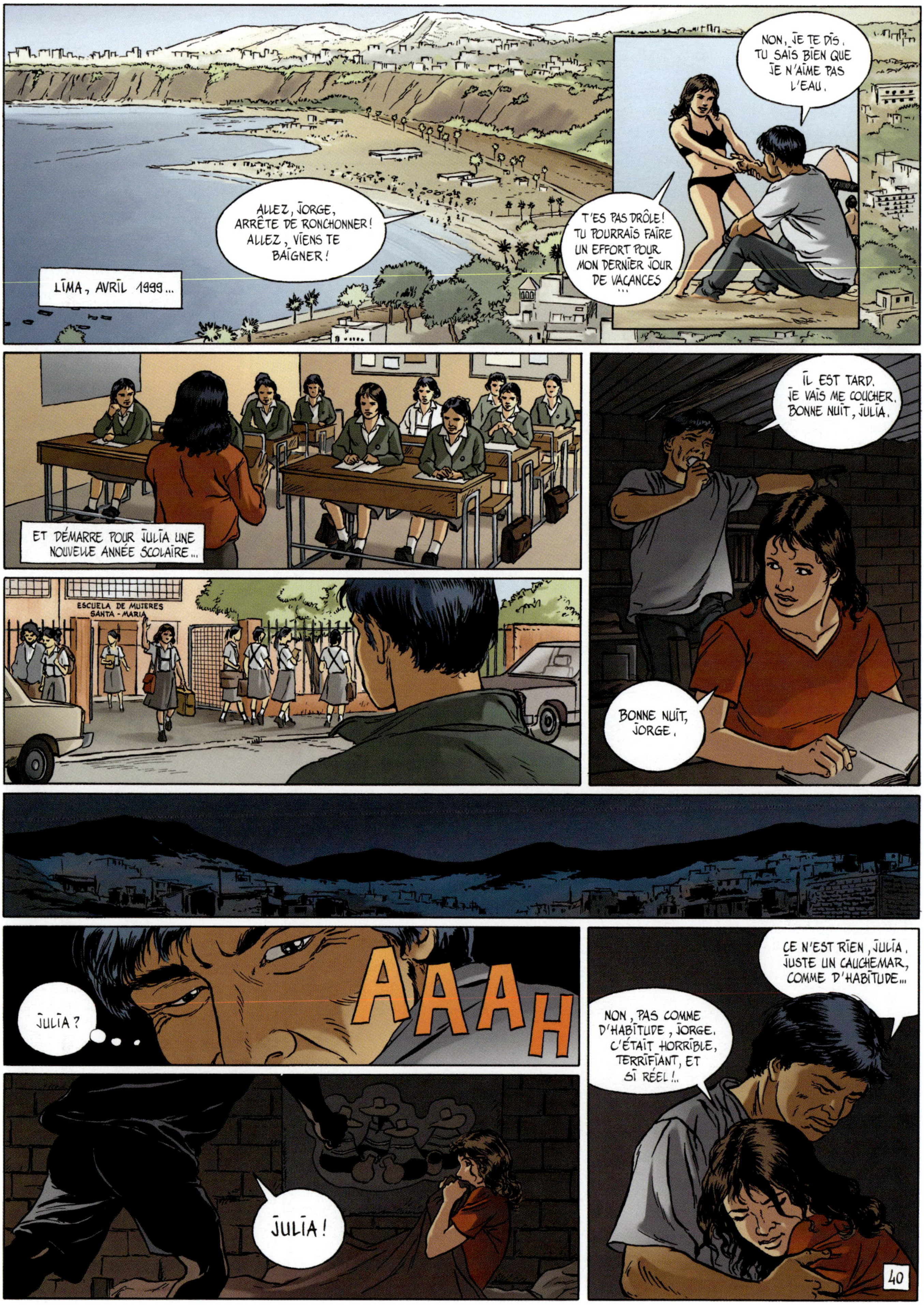

LIMA, AVRIL 1999...
ALLEZ, JORGE, ARRÊTE DE RONCHONNER ! ALLEZ, VIENS TE BAIGNER !
T'ES PAS DRÔLE ! TU POURRAIS FAIRE UN EFFORT POUR MON DERNIER JOUR DE VACANCES ...
NON, JE TE DIS. TU SAIS BIEN QUE JE N'AIME PAS L'EAU.
ET DÉMARRE POUR JULIA UNE NOUVELLE ANNÉE SCOLAIRE...
ESCUELA DE MUJERES SANTA - MARIA
IL EST TARD. JE VAIS ME COUCHER. BONNE NUIT, JULIA.
BONNE NUIT, JORGE.
AAAH
JULIA ?
JULIA !
CE N'EST RIEN, JULIA. JUSTE UN CAUCHEMAR, COMME D'HABITUDE...
NON, PAS COMME D'HABITUDE, JORGE. C'ÉTAIT HORRIBLE, TERRIFIANT, ET SI RÉEL !..
40

MON DIEU, TOUT CE SANG, ET TELLEMENT DE VIOLENCE. J'AI VU DES GENS TUÉS, TORTURÉS, TANT DE SOUFFRANCE...
IL Y AVAIT DEUX VISAGES REVENANT SANS CESSE. SURTOUT UN VIEUX GRIMAÇANT. JE N'AI JAMAIS RESSENTI AUTANT DE HAINE...
TU SAIS, C'EST DOMMAGE CAR LE RÊVE COMMENÇAIT BIEN : JE MARCHAIS AU MILIEU DE MONTAGNES D'OR, DES PIERRES PRÉCIEUSES PAR MILLIERS...
JE PENSE QUE C'EST UN BON DÉBUT POUR TON PROCHAIN RÊVE. ALLEZ, RENDORS-TOI.
LA NUIT SUIVANTE...
AAAAH
ET CELLES D'APRÈS...
?
AAAAAAAHH
?
C'EST PAS VRAI. ENCORE !
AAAAAAH
JE N'EN PEUX PLUS, JORGE. JE SUIS SI FATIGUÉE, MAIS J'AI SI PEUR DE M'ENDORMIR. QU'EST-CE QUI M'ARRIVE, JORGE ? QU'EST-CE QUI M'ARRIVE ?
41

LA SUCIEDAD, 10 SEPTEMBRE 1999...
JOYEUX ANNIVERSAIRE, TUPAC !
ALLEZ MA GRANDE, SOUFFLE TES 16 BOUGIES !
UN PEU PLUS TARD...
MERCI BEAUCOUP, JORGE. C'EST SI GENTIL, JE DEVRAIS ÊTRE HEUREUSE, MAIS JE SUIS SI FATIGUÉE, SI...
JE N'EN PEUX PLUUUUUS !
JE VAIS ARRÊTER D'ALLER À L'ÉCOLE, JORGE, JUSQU'À CE QUE TOUT SOIT RENTRÉ DANS L'ORDRE.
JE SUIS DÉSOLÉE.
JE SUIS INQUIET, MARKO. ELLE S'AFFAIBLIT DE JOUR EN JOUR, ET ELLE DORT TOUJOURS AUSSI PEU. JE CRAINS QU'ELLE N'AIT QUELQUE CHOSE AU CERVEAU.
NOUS DEVONS EN AVOIR LE COEUR NET, JORGE. JE CONNAIS DE TRÈS BONS MÉDECINS ET JE VAIS ESSAYER D'OBTENIR UN RENDEZ-VOUS CHEZ UN SPÉCIALISTE.
42

ARRGH!
ALORS, CHIEN PUANT! TU NE TE RAPPELLES TOUJOURS PAS ?
?
JE VOUS EN PRIE, M. RAMÓN. CE N'EST QU'UN IVROGNE. N'ABÎMEZ PAS MON ÉTABLISSEMENT, JE VOUS EN SUPPLIE...
MADRE DE DIOS! DÉRANGE-MOI ENCORE UNE FOIS ET JE TE FRACASSE LES ROTULES, PUIS JE TE FAIS BRÛLER DANS TON TROU À RATS ! HORS DE MA VUE !
PITIÉ ! F... FAITES COMME IL VOUS PLAIRA.
JE VAIS ME GÊNER...
JE TE RÉSUME LA SITUATION. IL PARAÎT QUE TU AS VU IL Y A UNE QUINZAINE DE JOURS UNE GAMINE RESSEMBLANT AU PORTRAIT DE LA FILLE QUE JE RECHERCHE DEPUIS CINQ ANS. EXACT?
O... OUI, JE SUIS DÉSOLÉ, RAMÓN. JE VOUS JURE QUE JE VOULAIS VOUS EN PARLER... MAIS...
MAIS ?
... J'AI OUBLIÉ...
OUBLIÉ ?! UNE INFORMATION AUSSI CAPITALE ? ET ENSUITE TU OSES ME DIRE QUE TU AS OUBLIÉ OÙ TU L'AS VUE ?
ARGHHL... JE VOUS JURE, RAMÓN, JE...
ESPÈCE DE PORC! BON SANG, JE TE JURE QUE TU VAS TE RAPPELER !
CLIC
NOOON! NE TIREZ PAS ! ÇA Y EST, JE ME SOUVIENS! C'EST DEVANT L'ÉCOLE FÉMININE SANTA-MARIA!
MIGUEL, ON Y VA TOUT DE SUITE !
JUAN, TU ME FAIS DISPARAÎTRE CES DEUX GÊNEURS AVANT CE SOIR. ET PAS UN MOT! SI CETTE HISTOIRE PARVIENT AUX OREILLES DU VIEUX, ON EST MORTS.
43

BONJOUR, INSPECTEUR SANCHEZ. J'AURAIS BESOIN DE PARLER À JULIA RUIZ S'IL VOUS PLAÎT.
JE SUIS DÉSOLÉE, JULIA EST ABSENTE DEPUIS PLUS D'UNE SEMAINE. ET NOUS N'AVONS AUCUNE NOUVELLE D'ELLE.
HA... AURIEZ-VOUS SES COORDONNÉES?
MAIS QU'A-T-ELLE FAIT? QUE LUI VOULEZ-VOUS?
DÉSOLÉ, MAIS C'EST CONFIDENTIEL. SON ADRESSE, S'IL VOUS PLAÎT!
ALORS?
ELLE N'EST PAS LÀ. MAIS J'AI SON ADRESSE. ROULE!
TOURNE À GAUCHE, C'EST LÀ!
?
MAIS QU'EST-CE QUE C'EST QUE CE CIRQUE?...
44

AAAH
?
JULIA ?
JULIA ?
JULIAAA!
45

PROCHAIN ÉPISODE : VICTOR.